Veggie Tapas

Gemüse-Minis süß & pikant

TANJA
BISCHOF

blv

INHALT

AUF EIN WORT

Anfang der 90er Jahre hat mir ein Freund Spanien gezeigt. Auf unserer Rundreise aß ich das erste Mal Tapas. Nach getaner Arbeit gehen die Spanier am Abend gerne in Tapas-Bars oder auch Bodegas. Man trifft sich bei einem kleinen Getränk, einem Aperitif wie einer cerveza (also ein kleines Bier) oder einem kleinen viño, einem Glas Wein. Dazu darf man sich ein kleines Appetithäppchen (eine tapa) aussuchen aus den langen Glasvitrinen, in denen alle Tapas geschmackvoll präsentiert werden. Man muss dafür nichts extra bezahlen, es gehört einfach dazu. Nach dem Besuch einer Tapas-Bar gehen die Einheimischen nach Hause und essen mit ihrer Familie zu Abend oder lassen sich in Restaurants verwöhnen.

REGIONAL, SAISONAL UND FRISCH

Die Basis von spanischen Tapas bilden hochwertige Grundprodukte, die auf einfache Weise zubereitet sind. Der Spanier verwendet gerne Meersalz, arabische Gewürze, Sherry und gutes Olivenöl, um den Eigengeschmack der Häppchen abzurunden.

Das spanische Tapas-Prinzip hat mir auf Anhieb so gut gefallen, dass ich es leicht abgeändert für mich übernommen habe. Leicht abgeändert heißt vegetarisch und nicht auf die spanische Küche beschränkt. Ich koche gerne regional mit saisonalen, frischen Zutaten, gewürzt mit einem kräftigen Schuss europäischer Küche und abgeschmeckt mit einer Prise Orient und Asien.

FÜR GÄSTE OPTIMAL

Gäste lieben es, von verschiedenen Häppchen, die man als Buffet anrichtet, zu probieren. Dabei kann man zum Beispiel eine Suppe, kleine Spieße, Röllchen, Mini-Salate im Glas und ein Dessert in der Tasse miteinander kombinieren. Was man allerdings benötigt, ist eine Grundausstattung an kleinen Förmchen, Schälchen und Tellerchen. Aber keine Sorge, die wächst mit der Zeit! Die Portionen bei unseren Rezepten im Buch sind übrigens ganz »tapasmäßig« mini. Aber natürlich können Sie jederzeit auch gerne größere Portionen für weniger Personen zubereiten!

Viel Spaß in der Küche und
bei geselligen Tapas-Runden!

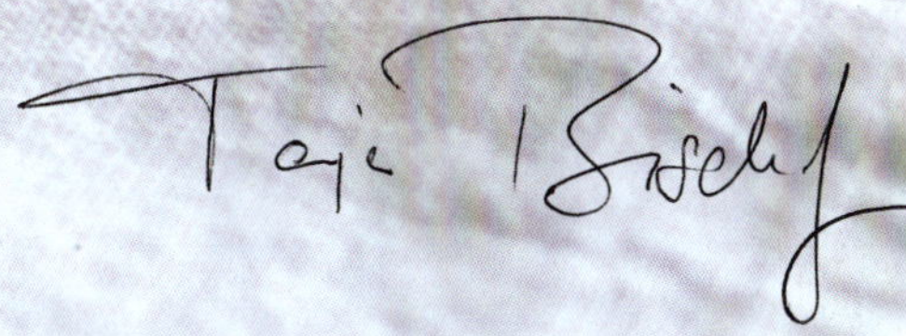

SUPPEN UND FINGERFOOD

KLEINE TOMATEN-HEFEBROTE

mit Rosmarin

Vegan

ZUTATEN: für ca. 24–30 Stück
½ Würfel Hefe * 1 Prise Zucker * 250 g Mehl + Mehl für das Blech *
1 gestr. TL Salz * 50 g schwarze Oliven, entsteint * 250 g Kirschtomaten *
1 Zweig frischer Rosmarin, gehackt (alternativ 2 EL getrockneter) * 4 EL Olivenöl *
Pfeffer, frisch gemahlen

1 Die Hefe und den Zucker in einer kleinen Schüssel mit 150 ml lauwarmem Wasser gut verrühren und an einem warmen Ort 5 Minuten ziehen lassen, bis Blasen erscheinen.

2 Das Mehl mit dem Salz in eine Schüssel füllen und die Hefemischung dazugeben. Zu einem glatten Teig verarbeiten und 4–5 Minuten gut durchkneten. Den Teig zugedeckt an einem warmen Ort 30 Minuten gehen lassen.

3 Den Ofen auf 220 °C vorheizen. Ein Backblech bemehlen. Den Teig in eine lange Rolle walzen und in ca. 30 Stücke teilen. Mit bemehlten Händen glatt drücken und auf das Blech legen.

4 Die Oliven halbieren. Die Kirschtomaten waschen und halbieren, leicht in den Teig drücken, darüber die Oliven und den Rosmarin streuen. Mit Olivenöl beträufeln und im Ofen ca. 15 Minuten goldbraun backen. Pfeffer darübermahlen und servieren.

BRUSCHETTA

mit Artischocken-Tofu-Aufstrich

ZUTATEN: für 16 Stück
16 dünne Scheiben Baguette * Olivenöl zum Bestreichen *
½ Bund Rucola * 100 g Artischockenherzen, in Öl eingelegt *
60 g Tofu * 2 EL Mayonnaise * Meersalz *
schwarzer Pfeffer, frisch gemahlen

1 Den Backofengrill einschalten. Die Baguettescheiben auf ein Backblech legen und mit Olivenöl bestreichen. Im Ofen unter den Grillschlangen 2–3 Minuten goldbraun rösten.

2 Den Rucola waschen und trockenschleudern, grobe Stiele entfernen. Zwei Artischockenherzen für die Garnitur zurückbehalten und in schmale Spalten schneiden.

3 Tofu, restliche Artischockenherzen und Rucola zu einer Paste pürieren. Mit Mayonnaise, Meersalz und Pfeffer abschmecken. Auf den Brotscheiben verteilen und mit den Artischockenspalten garnieren.

TIPP

Mit »Sojanaise«, also veganer Mayonnaise, können Sie die vegane Variante des Artischocken-Tofu-Aufstrichs zubereiten.

KNUSPRIG FRISCH ZUM SOMMER-APERITIF!

KICHERERBSENSALAT

mit Couscous und Kräutern

ZUTATEN: für 6–8 Portionen
200 g Couscous * 4 EL Olivenöl * 2 Knoblauchzehen * Saft von ½ Zitrone * Meersalz * schwarzer Pfeffer, frisch gemahlen * 1 Bund gemischte Kräuter (Minze, Kresse, Basilikum, Schnittlauch etc.) * 400 g Kichererbsen aus der Dose, abgetropft * ½ TL Honig * Schnittlauchblüten zur Dekoration

1 Den Couscous mit 250 ml kochendem Wasser übergießen, abgedeckt 5 Minuten lang quellen lassen. Das Olivenöl zugeben und den Couscous mit einer Gabel auflockern.

2 Den Knoblauch schälen und fein hacken. Zusammen mit Zitronensaft, Meersalz und Pfeffer zum Couscous geben und vermischen.

3 Die Kräuter waschen, trockenschütteln und fein hacken. Kräuter und Kichererbsen unter den Couscous mischen. Mit Honig abschmecken und mit Schnittlauchblüten dekorieren. In kleinen Schälchen oder Sake-Bechern servieren.

TIPPS

Würfeln Sie eine rote Zwiebel und Tomaten und mischen Sie sie unter den Salat. In dieser Variante schmeckt der Salat gleich wieder ganz anders. Veganer verwenden einfach Agavendicksaft oder ein anderes veganes Süßungsmittel an Stelle von Honig.

FATTOUSH-BROTSALAT

mit Oliven

Vegan

ZUTATEN: für 8 Portionen
1 großes arabisches Fladenbrot oder 2 Pitabrote * Olivenöl * 3 große, reife Tomaten *
½ Salatgurke * ½ Bund glatte Petersilie * ½ Bund Minze * 250 g junge, gemischte Salatblätter *
1 Knoblauchzehe * 1 TL Meersalz * 4 EL Zitronensaft, frisch gepresst *
2 EL Sumach * 4 EL Olivenöl * 50 g schwarze Oliven, entsteint

1 Den Backofengrill einschalten. Das Brot in möglichst dünne Scheiben schneiden, auf ein Backblech legen und mit Olivenöl beträufeln. Das Brot im Ofen unter den Grillschlangen 2–4 Minuten rösten, bis es goldbraun ist, dann abkühlen lassen.

2 Tomaten und Gurke waschen, putzen und in mundgerechte Stücke schneiden. Die Kräuter waschen, trockenschütteln und grob hacken. Den Salat waschen und in mundgerechte Stücke zupfen. Tomaten, Gurke, Kräuter und Salat in eine Schüssel geben und vermischen.

3 Für das Dressing den Knoblauch schälen, mit dem Meersalz im Mörser zu einer Paste zerreiben. Mit Zitronensaft, Sumach und Olivenöl verrühren.

4 Das geröstete Brot in mundgerechte Stücke brechen und unter den Salat heben. Den Salat auf kleine Schalen verteilen, mit dem Dressing beträufeln und den Oliven garnieren. Sofort servieren.

TIPP

Servieren Sie den Salat nach Belieben mit grob zerbröseltem Schafskäse – dann ist er allerdings nicht mehr vegan!

KRESSE-TZATZIKI

mit Sauerteigbrot-Croûtons und Paprikawürfelchen

ZUTATEN: für 6–8 Portionen
1 kleine Salatgurke * 1 rote Paprika * 1 Knoblauchzehe *
250 g griechischer Joghurt * Meersalz * Pfeffer, frisch gemahlen *
1–2 dünne Scheiben Roggensauerteigbrot *
2 EL Olivenöl * 1 Kästchen Kresse

1 Gurke und Paprika waschen und putzen, Kerne entfernen. Gurke schälen und beides getrennt sehr fein würfeln. Knoblauch schälen und ebenfalls fein würfeln.

2 Gurke und Knoblauch mit dem griechischen Joghurt in einer Schüssel verrühren, mit Meersalz und Pfeffer abschmecken.

3 Die Brotscheiben fein würfeln. Das Olivenöl in einer Pfanne erhitzen und die Brotwürfel darin mit einer Prise Meersalz knusprig goldbraun rösten.

4 Alle Zutaten wie Gurkenjoghurt, Paprikawürfel und Brotcroûtons schichtweise in Gläser füllen und mit Kresse garnieren. Pfeffer darübermahlen und sofort servieren.

KLEINE SALATE

mit pochiertem Wachtelei und Knusperzwiebeln

ZUTATEN: für 12 Portionen
50 g Maismehl * 2 weiße Zwiebeln * 200 g junge Salatblätter *
1 EL Weißweinessig * 12 Wachteleier * Pflanzenöl zum Frittieren
Für das Dressing: 2 EL Weißweinessig * 4 EL Olivenöl * 1 TL mittelscharfer Senf *
Meersalz * schwarzer Pfeffer, frisch gemahlen

1 Das Maismehl in einen tiefen Teller geben. Die Zwiebeln schälen, in feine Ringe schneiden und im Maismehl wenden. Pflanzenöl in einer Pfanne erhitzen und die Zwiebelringe darin 2–3 Minuten knusprig braten. Auf Küchenpapier abtropfen lassen.

2 Den Salat waschen, trockenschleudern und auf kleine Teller verteilen.

3 Einen breiten Topf zu zwei Dritteln mit Wasser füllen, knapp zum Sieden bringen. Den Weißweinessig dazugeben und durch gleichmäßiges, kreisförmiges Rühren mit einem Holzlöffel einen leichten Strudel entstehen lassen. Die Eier einzeln in eine Tasse aufschlagen, vorsichtig ins Wasser gleiten lassen und jeweils 2–3 Minuten pochieren. Mit einem Schaumlöffel herausheben, warm stellen.

4 Die Zwiebelringe auf dem Salat verteilen und die pochierten Eier daraufsetzen.

5 Für das Dressing den Weißweinessig mit Olivenöl, Senf, Meersalz und Pfeffer verrühren. Zum Servieren den Salat mit dem Dressing beträufeln.

DATTELN

mit Pistazien-Frischkäse-Füllung

ZUTATEN: für 24 Stück
200 g Frischkäse * Meersalz * 1–2 EL Orangenblütenwasser *
100 g Pistazienkerne * 1 EL Honig * ½–1 TL Zimtpulver *
1 Msp. Cayennepfeffer * 24 frische Datteln

1 Den Frischkäse in eine Schüssel geben und etwas salzen. Das Orangenblütenwasser unterrühren.

2 Die Pistazienkerne in einer Pfanne ohne Fett rösten. Herausnehmen und fein hacken, 2 EL davon beiseitestellen. Pistazien, Honig, Zimtpulver und Cayennepfeffer zum Frischkäse geben und verrühren.

3 Die Datteln längs einschneiden, entkernen und mit der Frischkäsemasse füllen. Mit den zurückbehaltenen Pistazien bestreuen.

TIPP

Wer es etwas deftiger mag, kann auch Ziegenfrischkäse verwenden. In eine hübsche Pappschachtel verpackt, sind die Datteln übrigens auch ein tolles Mitbringsel!

FRUCHTIG FEIN UND SCHNELL GEMACHT!

KLEINE TOASTS

mit Guacamole

Vegan

ZUTATEN: für 40 Stück
1 kleines Toastbrot bzw. 10 Scheiben Toast * 2 reife Avocados *
Saft von 1 Limette * 1 Knoblauchzehe * ½ TL grobes Meersalz *
1 TL Chilipulver * 50 g getrocknete Tomaten *
½ Bund Basilikum * Pfeffer, frisch gemahlen

1 Die Brotscheiben toasten und kleine Kreise ausstechen oder in Dreiecke schneiden.

2 Für die Guacamole die Avocados halbieren und den Kern entfernen. Das Fruchtfleisch mit einem Löffel aus der Schale lösen und in eine Schüssel geben. Den Limettensaft hinzufügen. Mit einer Gabel ein möglichst glattes Püree herstellen. Knoblauch schälen und fein würfeln, mit Meersalz im Mörser zerreiben und mit Chilipulver unter das Avocadopüree rühren. Die Guacamole abschmecken und auf die Toasts streichen.

3 Die Tomaten in kleine Stückchen schneiden und auf der Avocadocreme verteilen. Mit Basilikumblättchen und frisch gemahlenem Pfeffer bestreuen. Sofort servieren.

MINI-WRAPS

mit Gemüsefüllung

ZUTATEN: für 32 Stück
1 Zucchini * 1 rote und 1 gelbe Paprikaschote * 100 g Sojasprossen *
8 EL Frischkäse * 2 EL saure Sahne * 1 EL Meerrettich (aus dem Glas) *
Meersalz * Pfeffer, frisch gemahlen * 1 Bund Kräuter (z. B. Kerbel oder Schnittlauch) *
4 Weizenmehltortillas

1 Zucchini und Paprikaschoten waschen, putzen und in ganz feine Streifen schneiden. Sojasprossen verlesen, waschen und abtropfen lassen.

2 Den Frischkäse mit saurer Sahne, Meerrettich, Salz und Pfeffer in einer Schüssel verrühren. Die Kräuter fein hacken bzw. schneiden.

3 Die Weizenmehltortillas mit der Meerrettich-Frischkäse-Creme bestreichen, mit den Gemüsestreifen und Sojasprossen belegen und mit den Kräutern bestreuen.

4 Die Tortillafladen fest zusammenrollen und jeweils in acht Stücke schneiden, für den besseren Halt eventuell mit Spießchen befestigen.

EIN SOMMERLICHER UND LEICHTER SNACK

GRÜNE TOMATEN

in Maisgrießkruste

ZUTATEN: für ca. 16 Stück
4 große grüne Tomaten (etwa 500 g) * 4 EL Weizenmehl *
200 g feiner Maisgrieß oder Maismehl * Meersalz *
schwarzer Pfeffer, frisch gemahlen * 2 Eier *
Sonnenblumenöl oder anderes Pflanzenöl zum Braten

1 Den Backofen zum Warmhalten der Tomaten auf 100 °C vorheizen. Die Tomaten waschen, den Strunk entfernen, in 1 cm dicke Scheiben schneiden. Das Weizenmehl auf einem Teller verteilen. Den Maisgrieß bzw. das Maismehl in eine Schüssel geben und mit Meersalz und Pfeffer würzen. Die Eier aufschlagen und in einer kleinen Schüssel verquirlen.

2 In einer großen Pfanne bei mittlerer Temperatur etwas Öl erhitzen. Die Tomatenscheiben im Weizenmehl wenden, überschüssiges Mehl abschütteln. Die Scheiben im Ei wenden, gleichmäßig mit Maisgrieß bzw. -mehl überziehen und portionsweise langsam braten, bis sie auf beiden Seiten goldbraun sind.

3 Auf Küchenpapier abtropfen lassen und im Backofen warm stellen, bis alle Scheiben gebraten sind. Die Tomatenscheiben heiß servieren.

TIPP

Oft werden im Herbst die Tomaten nicht mehr reif, dann brate ich sie gerne. Dafür ist dieses Rezept perfekt! Oder ich mache zum Beispiel ein Chutney mit Ingwer daraus.

KRÄUTER-GURKEN-KALTSCHALE

mit Gomasio-Tofuspießchen

ZUTATEN: für 20 Portionen
1 Salatgurke * 2 Knoblauchzehen *
1 Bund gemischte Kräuter, z. B. Kerbel, Dill, Schnittlauch, Petersilie, Kresse *
500 ml Buttermilch * Meersalz * Pfeffer, frisch gemahlen *
½ TL Honig * 200 g Tofu * 2 EL Sojasauce * 3 EL Gomasio *
2 EL Sesamöl

1 Die Gurke schälen, entkernen und klein schneiden (ein paar dünne Scheiben für die Deko zurückbehalten). Den Knoblauch schälen und würfeln. Die Kräuter waschen, trockenschleudern und die Blättchen abzupfen bzw. den Schnittlauch in Röllchen schneiden. Alles in ein hohes Gefäß geben, die Buttermilch zufügen und mit einem Pürierstab pürieren. Mit Meersalz, Pfeffer und Honig abschmecken und kalt stellen.

2 Den Tofu in Würfel schneiden, in eine Schüssel geben und mit Sojasauce und Pfeffer 5 Minuten marinieren.

3 Gomasio auf einen flachen Teller geben. Die Würfel auf kleine Spieße stecken und im Gomasio wälzen.

4 Das Sesamöl in einer großen Pfanne erhitzen und den Tofu rundherum goldbraun braten.

5 Die Kaltschale in hohe Gläser mit Stiel füllen und mit den Gurkenscheiben garnieren. Die Tofuspieße dazu servieren.

TIPP

Mit Borretschblüten bestreuen.

NACH EINEM REZEPT AUS AFRIKA!

ERDNUSS-SÜPPCHEN

Vegan

mit Süßkartoffel

ZUTATEN: für 10 Portionen
1 Zwiebel * 2 Karotten * 1 Süßkartoffel *
1–2 EL Sonnenblumenöl * 300 g geschälte Tomaten aus der Dose *
1–2 frische rote Chilischoten * 1 TL Currypulver *
Meersalz * 150 g geröstete Erdnüsse, am besten ungesalzen *
schwarzer Pfeffer, frisch gemahlen

1 Zwiebel, Karotten und Süßkartoffel schälen und fein würfeln.

2 Einen großen Topf erhitzen und das Sonnenblumenöl hineingeben. Die Zwiebel darin braten, bis sie leicht gebräunt ist. Karotten, Süßkartoffel, Tomaten, Chilischoten (nach Belieben fein hacken), Currypulver, Meersalz und 750 ml Wasser hinzufügen. Die Suppe 15 Minuten köcheln lassen, bis das Gemüse gar ist.

3 In der Zwischenzeit die Erdnüsse im Mixer oder in der Küchenmaschine mahlen.

4 Die Erdnüsse in den Topf geben, umrühren und die Suppe mit Salz und Curry abschmecken, schwarzen Pfeffer darübermahlen. Die Suppe in kleine Gläser füllen und heiß servieren.

TIPP

Sie können nach Belieben frischen, gehackten Koriander über die Suppe streuen. Statt Erdnüssen könnte man zum Beispiel auch Cashewkerne verwenden, das ist ebenfalls sehr lecker.

CHILI

con Tofu

Vegan

ZUTATEN: für 8–10 Portionen
400 g Kidneybohnen aus der Dose * 1 Zwiebel * 1 rote Paprikaschote * 3 große, reife Tomaten * 200 g Räuchertofu * 2 EL Olivenöl * Meersalz * schwarzer Pfeffer, frisch gemahlen * ½ TL Cayennepfeffer * 1–2 Prisen Muskatnuss, frisch abgerieben * 1 Bund Schnittlauch

1 Die Kidneybohnen in einem Sieb abtropfen lassen. Die Zwiebel schälen und fein würfeln. Die Paprikaschote waschen, entkernen und in kleine Rauten schneiden. Die Tomaten waschen, vom Strunk befreien und in Stücke schneiden. Den Räuchertofu klein würfeln.

2 Das Olivenöl in einem Topf erhitzen. Zwiebel und Paprika darin 3–4 Minuten dünsten, dann die Tomatenstücke hinzufügen und garen, bis sie zerfallen.

3 Abgetropfte Bohnen und Tofuwürfel dazugeben. Mit Meersalz, reichlich schwarzem Pfeffer, Cayennepfeffer und etwas Muskatnuss abschmecken. Den Eintopf erhitzen, bis er köchelt, dann von der Kochstelle nehmen. Den Schnittlauch mit einer Schere in Röllchen schneiden.

4 Chili in kleinen Portionsschalen wie zum Beispiel Eierbechern mit Schnittlauchröllchen bestreut servieren.

WALNUSSSUPPE

mit Datteln und Bockshornklee

ZUTATEN: für 8 kleine Portionen
1 weiße Zwiebel * 2 EL Olivenöl * 2 EL Mehl * 100 g Walnusskerne, gehackt * 6 getrocknete Datteln, grob gehackt * 1 TL Bockshornkleesamen, gemahlen * 1 TL Meersalz * Pfeffer, frisch gemahlen * 500 ml Buttermilch

1 Die Zwiebel schälen und fein würfeln. Das Olivenöl in einem Topf erhitzen, Zwiebel darin braten, bis sie leicht gebräunt ist, dann die Hitze reduzieren. Mehl und Walnüsse hinzufügen und etwa 3 Minuten unter Rühren garen.

2 Die Datteln dazugeben. Mit Bockshornklee, Meersalz und Pfeffer würzen. Nach und nach unter Rühren 750 ml heißes Wasser angießen. Die Suppe etwa 15 Minuten köcheln lassen, bis sie leicht eingedickt ist.

3 Die Suppe sollte jetzt nicht mehr kochen, langsam die Buttermilch einrühren. Die Suppe 1–2 Minuten bis knapp unter den Siedepunkt erhitzen (nicht kochen!). In Gläser, Schälchen oder auch in (saubere!) kleine Windlichter füllen und sofort servieren.

TIPP

Mit frischer Minze bestreut servieren. Wer es gerne scharf mag, kann auch mit Cayennepfeffer würzen.

AUS TOPF UND PFANNE

SÜSSE KLEINE KAROTTEN

mit frischem Koriander

Vegan

ZUTATEN: für 6–8 Portionen
500 g kleine Bund-Möhren * 2 Knoblauchzehen *
3 EL Olivenöl * 2–3 kleine, getrocknete Chilis * 1 TL Weinessig *
½ TL Meersalz * 1 EL Agavendicksaft * ½ Bund Koriander

1 Die Karotten schälen, waschen und bei Bedarf halbieren. Den Knoblauch schälen und fein würfeln.

2 Das Olivenöl in einer Pfanne erhitzen und die Karotten darin langsam braten. Knoblauch und Chilis hinzufügen und kurz mitschwenken. Mit Weinessig, Meersalz, Honig und 6 EL Wasser ablöschen. Garen, bis keine Garflüssigkeit mehr vorhanden ist und der Honig karamellisiert.

3 Die karamellisierten Karotten mit Korianderblättchen bestreuen und servieren.

TIPP

Wer möchte, kann nach Belieben mit ein wenig Sherry ablöschen.

GEGRILLTE MELONENSPIESSE

mit feurigem Minze-Dip

ZUTATEN: für ca. 15 Spieße
¼ Wassermelone * ½ Honigmelone
Für den Dip: 1 Jalapeño-Chilischote * 4 Zweige Minze *
Salz * Pfeffer, frisch gemahlen *
2 EL Olivenöl * ½ TL Honig * Saft von 1 Limette

1 Die Melonen entkernen, schälen und in ca. 3 cm große Würfel schneiden. Einen Grill vorheizen. Die Melonenwürfel abwechselnd auf Spieße stecken und auf den Grill legen. Die Spieße ca. 2–3 Minuten grillen, bis die Oberfläche leicht gebräunt ist, dann wenden und die andere Seite grillen.

2 Die Jalapeño-Chilischote von Kernen und Stiel befreien, fein würfeln. Die Minzeblätter abzupfen und fein hacken. Jalapeños, Minze, Salz, Pfeffer, Olivenöl, Honig und Limettensaft zu einem Dip verrühren und zu den warmen Melonenspießen servieren.

TIPP

Geben Sie nach Belieben noch eine fein gehackte Schalotte und auch frischen Koriander in den Dip. Wer es gerne scharf mag, streut noch etwas Cayennepfeffer darüber. Die Spieße lassen sich auch auf einem Tischgrill oder in der Grillpfanne zubereiten.

TOLLER STARTER FÜR
EIN GRILLFEST!

MAIS-CHIPS

mit Kürbiskernpaste

ZUTATEN: für 8 Portionen

1 kleine Tüte Mais-Chips/Nachos (ca. 100–150 g) * 100 g Kürbiskerne * 3 Eier, hart gekocht und geschält * 1 frische grüne Chilischote * 1 Frühlingszwiebel * 1 große Handvoll frischer Koriander * ½ TL Kreuzkümmel, gemahlen * 1 EL Limettensaft, frisch gepresst * ½ TL Salz * schwarzer Pfeffer, frisch gemahlen

1 Den Backofen zum Anwärmen der Mais-Chips auf 110 °C vorheizen. Die Maischips auf einer feuerfesten Platte verteilen und einige Minuten in den Backofen geben.

2 Die Kürbiskerne in einer Pfanne bei mittlerer Temperatur ohne Fett rösten, bis sie goldbraun sind, die Pfanne dabei häufig schütteln. Die Kürbiskerne auf einen Teller geben und abkühlen lassen. Die Eier in kleine Stücke schneiden.

3 Chili waschen, Strunk und Kerne (am besten mit Gummihandschuhen) entfernen und klein schneiden. Die Frühlingszwiebel waschen und in Ringe schneiden. Den Koriander waschen und trockenschütteln, die Blätter abzupfen.

4 In einem Topf ein heißes Wasserbad vorbereiten. Die Kürbiskerne mit Chili, Frühlingszwiebel, der Hälfte der Korianderblätter, Kreuzkümmel, Limettensaft, Salz und Pfeffer in einen Standmixer geben. Bei laufendem Motor langsam ca. 100–150 ml Wasser hinzufügen, bis eine dicke, glatte Paste entstanden ist.

5 Die Paste in eine Metallschüssel füllen und auf das köchelnde Wasserbad setzen. Die Paste unter häufigem Rühren erwärmen, aber nicht zu heiß werden lassen, da sie sonst klumpig wird.

6 Etwas Paste in die Mitte der Mais-Chips geben und jeweils ein Stück Ei sowie Kürbiskerne darüberstreuen. Den restlichen Koriander zum Garnieren verwenden.

GEFÜLLTE ZUCCHINIBLÜTEN

mit Kräuter-Amaranth

ZUTATEN: für 6–12 Portionen

50 g Amaranth * ½ Bund Basilikum * 1 Knoblauchzehe * 150 g Ziegenweichkäse * 1 EL Olivenöl + 1 EL zum Braten * Meersalz * schwarzer Pfeffer, frisch gemahlen * 12 Zucchiniblüten

1 Amaranth nach Packungsanleitung garen. Basilikum waschen, trockenschütteln und in feine Streifen schneiden, dabei ein paar Blätter für die Deko zurückbehalten. Knoblauch schälen und fein hacken. Ziegenweichkäse mit einer Gabel zerdrücken.

2 Abgekühlten Amaranth, Basilikum, Knoblauch, Ziegenweichkäse und Olivenöl verrühren. Mit Meersalz und Pfeffer abschmecken.

3 Die Zucchiniblüten vorsichtig öffnen, um sie nicht zu verletzen, und mit etwas Kräuter-Amaranth-Mischung füllen. Die Enden der Blütenblätter vorsichtig zusammendrehen.

4 Olivenöl in einer großen Pfanne erhitzen und die gefüllten Zucchiniblüten darin 2 Minuten von jeder Seite goldbraun braten. Mit den restlichen Basilikumblättern bestreut servieren.

KNACKIGER ASIA-SNACK MIT
LEICHTEM MEERESGESCHMACK

MISO-TOFUWÜRFELCHEN

Vegan

mit Zuckerschoten

ZUTATEN: für 6–8 Portionen
200 g Tofu * 1 EL weiße Misopaste * 1 EL Reisessig * 2 EL Sesamöl * 200 g Zuckerschoten * 1 Knoblauchzehe * 2 EL Noriflocken * 1 EL Sojasauce nach Belieben

1 Den Tofu in Würfel schneiden. Die Misopaste mit dem Reisessig in einer Schüssel verrühren und die Tofuwürfel untermischen.

2 Das Sesamöl in einer Pfanne erhitzen und darin die Tofuwürfel eine Minute unter Wenden knusprig braten, herausnehmen.

3 Die Zuckerschoten waschen und putzen. Den Knoblauch schälen und fein würfeln. Beides in die heiße Pfanne geben und unter Rühren 1–2 Minuten dünsten. Die Noriflocken hinzufügen, die Tofuwürfelchen nochmal dazuschwenken. Heiß auf kleinen Tellern servieren und nach Belieben mit Sojasauce würzen.

SCHWARZE REISBÄLLCHEN

Vegan

mit Tahini-Paste

ZUTATEN: für ca. 30 Bällchen
200 g schwarzer Venere-Reis * 1 Bund Petersilie * 2 Knoblauchzehen * 1 Zwiebel * 1 TL Meersalz * 1 EL Kreuzkümmel, gemahlen * 2 TL Koriander, gemahlen * ¼ TL Curry * ½ TL Cayennepfeffer * ½ TL Backpulver * Tahini-Paste (Sesampaste) * 1 Handvoll Minzeblätter oder Kerbel oder Koriander * Sonnenblumenöl oder anderes Pflanzenöl zum Frittieren

1 Den Reis waschen und mit 500 ml Wasser in einem Topf zum Köcheln bringen, ca. 35–45 Minuten garen. Reis abgießen, gut abtropfen lassen und in einen Standmixer geben.

2 Die Petersilie waschen und trockenschütteln. Knoblauch und Zwiebel schälen und fein würfeln. Alle Zutaten und Gewürze in den Mixer geben und auf hoher Stufe pürieren, dabei zwischendurch die Masse von den Wänden abstreifen, damit die Zutaten gleichmäßig zerkleinert werden. Die Masse 30 Minuten in den Kühlschrank stellen.

3 Einen Topf mit 3–5 cm Öl füllen und das Öl auf ca. 160 °C erwärmen. Mithilfe zweier Teelöffel aus der Reismasse Bällchen formen und portionsweise frittieren, bis sie rundum goldbraun sind. Auf Küchenpapier abtropfen lassen. Sofort mit etwas Tahini-Paste und frischen Kräutern servieren.

Vegan

WÜRZIGER SALAT

aus gegrillter Aubergine

ZUTATEN: für 8 Portionen
1 große Aubergine (ca. 500 g) * 1 große, reife Tomate * 2 Knoblauchzehen * 1 große Prise grobes Meersalz * Saft von 1 Zitrone * frischer Koriander * schwarzer Pfeffer, frisch gemahlen * 3 EL Olivenöl

1 Zwei hitzebeständige Gabeln in die Seiten der Aubergine stechen und die Frucht direkt über eine große Gasflamme halten. Die Aubergine gelegentlich drehen, bis die Schale verkohlt und das Fruchtfleisch vollkommen weich ist. Alternativ im Backofen grillen, dabei gelegentlich wenden. Aubergine auf einen Teller legen und abkühlen lassen.

2 Die verkohlte Schale abziehen, dabei herabtropfenden Saft auffangen. Sollten sich einzelne kleine Stücke der Schale nicht entfernen lassen, ist das nicht schlimm, da sie das Aroma noch verbessern. Das Fruchtfleisch fein hacken.

3 Tomate waschen, vierteln, entkernen und würfeln. Den Knoblauch schälen und mit dem groben Meersalz im Mörser zerreiben. Auberginenfleisch mit Auberginensaft, Knoblauchpaste, Tomate, Zitronensaft, Koriander, Pfeffer und Öl vermischen. Den Salat abschmecken, in kleine Schälchen verteilen und servieren.

TIPP

Ich gebe immer noch einen kleinen Becher Ziegen- oder Schafsjoghurt darunter, das macht es noch frischer!

CREMIG,
RAUCHIG, KÖSTLICH!

KAROTTENBÄLLCHEN

mit Feta

ZUTATEN: für ca. 40 Stück
300 g Karotten * ½ Bund Petersilie * ½ Bund Minze * 2 Knoblauchzehen * 1 EL Curry * 200 g Feta, zerbröselt * 40 g Maismehl * Meersalz * schwarzer Pfeffer, frisch gemahlen * 80 g Sonnenblumenkerne * Sonnenblumenöl zum Braten

1 Die Karotten schälen und fein raspeln. Petersilie und Minze waschen, trockenschütteln und fein hacken. Den Knoblauch schälen und fein würfeln. Karotten, Kräuter und Knoblauch mit Curry, Feta und Maismehl gut verkneten. Mit Meersalz und Pfeffer abschmecken.

2 Die Sonnenblumenkerne in eine kleine Schüssel geben. Teelöffelgroße Portionen von der Karotten-Feta-Masse abstechen und zu Bällchen formen. In den Sonnenblumenkernen wälzen.

3 Das Sonnenblumenöl in einer großen Pfanne erhitzen und die Karottenbällchen darin 3–4 Minuten rundherum goldbraun braten. In kleinen Tassen oder Schalen servieren.

TORTILLA-RAUTEN

mit bunten Paprika

ZUTATEN: für 6–8 Portionen
1 rote und 1 gelbe Paprikaschote * 1 Zwiebel * 20 g Butter *
½ Bund Petersilie * 3–4 Eier * 80 g Käse, gerieben * 50 g Sahne *
Salz * Pfeffer, frisch gemahlen

1 Die Paprikaschoten waschen, putzen und in kleine Würfel schneiden. Die Zwiebel schälen und in feine Würfel schneiden. Die Butter in einer tiefen Pfanne schmelzen und die Gemüsewürfel darin 3–4 Minuten weich dünsten.

2 Die Petersilie waschen, trockenschütteln und die Blätter klein schneiden. Die Eier, den Käse und die Sahne mit der Petersilie in einer Schüssel verschlagen. Mit Salz und Pfeffer würzen und in die Pfanne über das Gemüse gießen. Zugedeckt bei kleiner Flamme stocken lassen. Dann wenden und noch kurz goldbraun braten.

3 Die Tortillas etwas abkühlen lassen, dann in Rauten aufschneiden und servieren.

TIPP

Wer keine Paprika mag, kann auch Zucchini oder anderes Gemüse verwenden.

ORANGEN-SHIITAKE

aus dem Wok

ZUTATEN: für 6–8 Portionen
2 Knoblauchzehen * 1 Stück Ingwer (ca. 2 cm) * 500 g Shiitake-Pilze *
1 EL Pflanzenöl * Saft von 1 Orange *
125 ml chinesischer Reiswein (Shaoxing bzw. Shao Hising) *
4 EL Austernsauce

1 Den Knoblauch und den Ingwer schälen, beides fein würfeln. Bei großen Shiitake-Pilzen die harten Stiele entfernen.

2 Das Öl in einem Wok erhitzen, Pilze, Knoblauch und Ingwer unter Rühren 1 Minute stark anbraten. Orangensaft, Reiswein und Austernsauce hinzufügen und nochmals 30–40 Sekunden braten. Auf kleinen Tellerchen servieren.

TIPP

Sie können die Pilze nach Belieben mit Chiliflocken und Kräutern bestreut servieren.

SOMMER-RATATOUILLE

im Glas

Vegan

ZUTATEN: für 6–8 Portionen
1 Zwiebel * 2 Knoblauchzehen * 1 grüne, rote und gelbe Paprikaschote * 1 Zucchini * 200 g Tomaten * 2–3 EL Olivenöl * Meersalz * Pfeffer, frisch gemahlen * 1 Prise Cayennepfeffer * 1 Prise Currypulver * 1 EL Kreta-Majoran * Aceto-balsamico-Creme

1 Die Zwiebel und den Knoblauch schälen und fein würfeln. Paprikaschoten und Zucchini waschen, putzen und in feine Würfel schneiden.

2 Die Tomaten mit kochendem Wasser überbrühen, abschrecken und die Haut abziehen. In Würfel schneiden.

3 Das Olivenöl in einem Topf erhitzen, Zwiebel- und Knoblauch darin glasig dünsten. Paprika und Zucchini dazugeben und einige Minuten schmoren.

4 Die Tomaten hinzufügen, mit 100 ml Wasser aufgießen und mit den Gewürzen bestreuen. Zugedeckt bei kleiner Temperatur schmoren lassen, bis fast die ganze Flüssigkeit verdunstet ist.

5 Ratatouille nochmals abschmecken. Mit ein wenig Aceto-balsamico-Creme beträufeln. Warm oder kalt in hohen Gläsern servieren.

GRÜNE BOHNEN

mit Feta und Oliven

Vegan

ZUTATEN: für 6–8 Portionen

400 g grüne Bohnen * Salz * 2 Knoblauchzehen * 30 g Butter * Meersalz * Pfeffer, frisch gemahlen * 150 g Feta * 50 g Oliven, in Kräuteröl eingelegt

1 Die grünen Bohnen waschen und putzen. Salzwasser in einem Topf zum Kochen bringen und die Bohnen darin ca. 3–5 Minuten bissfest blanchieren, abgießen. Den Knoblauch schälen und in ganz feine Scheibchen schneiden.

2 Die Butter in einer tiefen Pfanne schmelzen, Bohnen und Knoblauch darin langsam weich dünsten. Mit wenig Meersalz und viel Pfeffer würzen.

3 Den Feta darüberkrümeln und mit den Oliven bestreuen. Alles gut durchschwenken, sodass der Käse anschmilzt. Heiß in kleinen Pfännchen oder auf kleinen Tellern servieren.

TIPP

Für einen würzigeren Geschmack etwas Bohnenkraut ins Kochwasser geben.

KOCHBANANEN-CHIPS

mit grüner Mojo-Sauce

Vegan

ZUTATEN: für 6–8 Portionen

100 ml Reisessig * ½ TL Rohrzucker * ½ TL Meersalz * 1 grüne Chilischote * ½ Bund Kräuter, z. B. Minze oder Koriander * 2 große grüne Kochbananen, die gerade zu reifen beginnen, aber noch nicht gelb sind * Salz * Sonnenblumenöl oder anderes Pflanzenöl zum Frittieren

1 Reisessig, Rohrzucker und Meersalz in einer Schüssel verrühren. Von der Chilischote den Stiel abschneiden, Kerne entfernen (am besten mit Gummihandschuhen) und ganz fein würfeln. Die Kräuter waschen, trockenschütteln und fein hacken. Chili und Kräuter in den Essig rühren und durchziehen lassen.

2 Die Bananen schälen und in dünne Scheiben (ca. ½ cm) schneiden. Etwa 30 Minuten in eine Schüssel mit ausreichend Salzwasser (1 TL Salz) legen, sodass die Bananen bedeckt sind.

3 In einer großen Pfanne bei mittlerer Temperatur etwas Öl erhitzen. Die Bananenscheiben darin auf jeder Seite 2–3 Minuten braten, bis sie weich, aber noch nicht gebräunt sind. Auf Küchenpapier abtropfen und etwas abkühlen lassen.

4 Die noch warmen Scheiben mit etwas Abstand auf ein Hackbrett legen. Mit Klarsichtfolie abdecken und mit einem Plattiereisen oder einfach mit dem Rücken eines großen Löffels auf etwa die Hälfte ihrer ursprünglichen Höhe flach drücken. Dabei reißen die Ränder etwas ein.

5 Das Öl bei mittlerer Temperatur wieder erhitzen, diesmal etwas stärker. Die Bananenscheiben hineinlegen und auf beiden Seiten braten, bis sie goldbraun und knusprig sind. Auf Küchenpapier abtropfen lassen. Warm mit der Mojo-Sauce in einem zu einer »Schultüte« gerollten Stück Packpapier oder Zeitung servieren.

BOHNENBÄLLCHEN

mit Paprika-Harissa-Sauce

ZUTATEN: für 4–6 Personen (ergibt 40 Stück)
Für die Bällchen: 1 Dose Wachtelbohnen (250 g) * ½ Bund Petersilie * 1 kleine Zwiebel * Meersalz * 1 Ei * 4 EL Mehl * 1 TL Backpulver * Olivenöl oder anderes Pflanzenöl zum Braten
Für die Sauce: 1 rote Paprikaschote * 1–2 TL Harissa * ½ TL Salz * Saft von ½ Zitrone * Olivenöl zum Braten

1 Für die Bällchen die Bohnen in einem Sieb abtropfen lassen. Petersilie waschen, trockenschütteln und die Blättchen abzupfen. Bohnen und Petersilie in einen Blitzhacker geben und pürieren. Zwiebel schälen und sehr fein hacken, zur Bohnenmasse geben. Meersalz, Ei, Mehl und Backpulver hinzufügen und sorgfältig untermischen.

2 In einer großen Pfanne bei mittlerer Hitze etwas Öl erhitzen. Gehäufte Teelöffel Bohnenmasse in die Pfanne geben und die Bällchen braten, bis sie auf beiden Seiten goldbraun sind. Auf Küchenpapier abtropfen lassen und warm stellen.

3 Für die Sauce die Paprikaschote waschen, entkernen und ganz fein würfeln. Etwas Öl in einer Pfanne erhitzen und die Paprikawürfel darin ca. 3–4 Minuten garen, bis sie weich sind. Harissa, Salz und Zitronensaft dazugeben. Die Sauce warm oder kalt mit den Bohnenbällchen servieren.

EIN FRUCHTIG-
WÜRZIGER GENUSS!

TOFUTASCHEN-SUSHI

mit Paprika und Gurke

Vegan

ZUTATEN: für 20 Stück
400 g Tofu * 1 gelbe Paprikaschote * 1 kleine Salatgurke *
1 Stück Ingwer (ca. 2 cm) * 1 EL frischer Koriander, gehackt *
2 EL Sojasauce * 1 EL Mirin (japanischer Reiswein) *
1 EL Reismehl * Öl zum Braten
Optional: Reisessig * Sojasauce * Chiliflakes

1 Den Tofu in 20 Scheiben schneiden (1 cm dick) und mit einem Messer jeweils eine Tasche einritzen.

2 Die Gurke schälen. Die Paprikaschote waschen und entkernen. Beides in dünne Scheiben schneiden, sodass das Gemüse in die Taschen passt. Die Tofutaschen damit füllen.

3 Den Ingwer schälen, reiben und über die Taschen verteilen. Mit dem Koriander bestreuen. Sojasauce und Mirin mischen und über die Tofutaschen gießen, kurz marinieren.

4 Die Taschen leicht mit dem Reismehl bestäuben. Öl in einer beschichteten Pfanne erhitzen und die Tofutaschen darin goldgelb ausbacken. Dazu können Sie Reisessig, Sojasauce und Chiliflakes servieren.

AUS DEM OFEN

SELLERIEGRATIN

mit Tomaten und Sahne

ZUTATEN: für 6 Portionen
1 kleine Zwiebel * 1 Knoblauchzehe * 1 EL Olivenöl *
200 g stückige Tomaten aus der Dose * Meersalz * Pfeffer, frisch gemahlen *
1 TL Essig * 1 Prise Zucker * 300 g Knollensellerie * 100 g Sahne *
80 g Parmesan, gerieben * 3 Zweige Thymian *
Butter für die Förmchen

1 Den Backofen auf 200 °C (Umluft) vorheizen. 6 Gratinförmchen (ca. 10–12 cm Durchmesser) mit Butter einfetten.

2 Für die Tomatensauce Zwiebel und Knoblauch schälen und fein würfeln. Das Olivenöl in einem Topf erhitzen und die Zwiebel- und Knoblauchwürfel darin anschwitzen.

3 Tomaten, Meersalz, Pfeffer, Essig und Zucker hinzufügen und etwa 5 Minuten köcheln lassen, bis die Sauce etwas eingedickt ist. Die Sauce abschmecken.

4 Knollensellerie schälen, vierteln und in dünne Scheiben schneiden, am besten in der Küchenmaschine oder mit einem Gemüsehobel. Die Selleriescheiben in die Tomatensauce legen. Zugedeckt etwa 10 Minuten köcheln lassen, bis der Sellerie weich ist, aber noch Biss hat.

5 Den Sellerie mit der Sauce in die Gratinförmchen umfüllen. Sahne und Parmesan verrühren und über die Gratins gießen. Die Gratins 15–20 Minuten im Backofen backen, bis sie goldbraun sind. Mit frischem Thymian bestreut servieren.

Vegan

BATATA-HARAH-SPIESSCHEN

mit Harissa

ZUTATEN: für 6–8 Portionen
300 g große, festkochende Kartoffeln * 300 g Süßkartoffeln *
5–6 EL Olivenöl * Meersalz * schwarzer Pfeffer, frisch gemahlen *
1 TL Koriandersamen * 2 TL Kreuzkümmelsamen *
3 EL Harissa * 1 Handvoll frischer Koriander

1 Den Backofen auf 200 °C (Umluft) vorheizen. Ein Backblech mit Backpapier auslegen. Beide Sorten Kartoffeln schälen und in Würfel (ca. 2 cm) schneiden. Auf Spieße stecken.

2 Die Spieße auf das Backblech legen und mit 4 EL Olivenöl beträufeln. Mit Meersalz und Pfeffer würzen. Koriander- und Kreuzkümmelsamen im Mörser grob zerstoßen und über die Kartoffelspieße streuen. Die Spieße im Backofen ca. 25 Minuten goldbraun backen.

3 Harissa mit dem restlichen Olivenöl verrühren. Koriander waschen, trockenschütteln und die Blättchen abzupfen. Die gebackenen Kartoffelspieße mit Harissa servieren und mit den Korianderblättern bestreuen.

GEFÜLLTE AUBERGINEN

mit Bulgur und Gewürzen

Vegan

ZUTATEN: für 10 Portionen

10 kleine längliche Auberginen (Asialaden) * 3 EL Olivenöl * 1 kleine Zwiebel * 30 g Pinienkerne * 50 g Bulgur * Meersalz * schwarzer Pfeffer, frisch gemahlen * 1 TL Zimtpulver * ½ Bund Basilikum * 3 EL Tomatenmark * 1 große Prise Muskatnuss, frisch abgerieben * 1 Prise Chilipulver

1 Die Auberginen waschen und der Länge nach halbieren. Mit einem Kugelausstecher ein wenig vom Auberginenfleisch herausschaben, klein hacken. Olivenöl in einem weiten Topf erhitzen und die ausgehöhlten Auberginen darin rundherum braten. In eine Auflaufform geben.

2 In der Zwischenzeit die Zwiebel schälen und fein hacken. Mit den Pinienkernen und dem gehackten Auberginenfleisch im Topf anrösten. Den Bulgur zugeben, mit Meersalz, Pfeffer und Zimtpulver würzen. Mit 100 ml Wasser ablöschen, zugedeckt 10 Minuten auf kleiner Flamme ziehen lassen.

3 Den Backofen auf 200 °C vorheizen. Die Basilikumblätter abzupfen. Die ausgehöhlten Auberginen mit der Bulgurmasse füllen. 100 ml Wasser mit Tomatenmark, Basilikum, Muskatnuss und Chilipulver verrühren und um die Auberginen gießen. Im Backofen 15 Minuten garen. Heiß servieren.

TIPP

Wer möchte, kann geriebenen Parmesan darüberstreuen.

GEBACKENER FETA

im Weinblatt

ZUTATEN: für 8 Stück

8 Weinblätter in Lake * 250 g Feta, in 8 Scheiben geschnitten * 2 Knoblauchzehen * 2 EL frische Oreganoblätter * schwarzer Pfeffer, frisch gemahlen * 2 EL Olivenöl * rosa Pfefferbeeren zum Servieren

1 Den Backofen auf 200 °C (Umluft) vorheizen. Die Weinblätter aus der Lake nehmen, waschen und trockentupfen. Die Weinblätter ausbreiten und darauf jeweils eine Scheibe Feta legen.

2 Den Knoblauch schälen, in dünne Scheiben schneiden und mit dem Oregano auf dem Käse verteilen. Mit Pfeffer würzen. Das Olivenöl darüberträufeln.

3 Die Blätter verschließen. Falls nötig, mit einer Bratenschnur oder einem Zahnstocher befestigen. In eine feuerfeste Form legen. Im Ofen 10 Minuten knusprig backen. Mit den rosa Pfefferbeeren bestreut servieren.

TIPP

Servieren Sie nach Belieben Zitronenspalten dazu.

LÄSST SICH GUT VORBEREITEN

GEGRILLTE PAPRIKARÖLLCHEN

mit Ziegenkäsecreme

ZUTATEN: für ca. 16 Stück
2 rote Paprikaschoten * 1 Bund glatte Petersilie oder Kerbel *
30 g schwarze oder grüne Oliven, entsteint * 150 g Ziegenfrischkäse *
schwarzer Pfeffer, frisch gemahlen * Meersalz * 1–2 Msp. Cayennepfeffer *
1–2 Msp. Zimtpulver * 1 TL Akazienhonig * 3 EL Olivenöl

1 Den Backofengrill einschalten. Die Paprikaschoten waschen, trocknen, halbieren und entkernen, mit der Haut nach oben auf ein Backblech legen. So lange im Ofen unter den Grillschlangen rösten, bis die Haut Blasen wirft und sich dunkelbraun färbt. Die Paprikahälften herausnehmen und zum Abkühlen in eine geschlossene Form mit Deckel geben.

2 Petersilie bzw. Kerbel waschen, trockenschütteln, die Blättchen abzupfen und fein hacken. Oliven klein schneiden. Ziegenfrischkäse glatt rühren, mit Pfeffer, Meersalz, Cayennepfeffer, Zimtpulver und Honig pikant abschmecken.

3 Die Haut von den Paprikahälften abziehen und die Paprika in breite Streifen schneiden. Die Käsecreme auf die Paprikastreifen streichen, vorsichtig aufrollen und mit einem Spießchen feststecken. Mit etwas Olivenöl beträufeln.

TIPP

Sie können nach Belieben auch gelbe oder grüne Paprikaschoten verwenden.

WUNDERBAR
FRUCHTIG-CREMIG!

MINI-QUICHE

mit Roquefort und Feige

ZUTATEN: für 6 (Tarte-)Förmchen à 8 cm Durchmesser
100 g Mehl * 50 g Butter + Butter zum Einfetten * 1 Prise Salz *
1 Ei * 100 g saure Sahne * 150 g Roquefort, zerbröckelt *
2 EL Rucola, gehackt * schwarzer Pfeffer, frisch gemahlen * 3 Feigen

1 Den Backofen auf 180 °C (Umluft) vorheizen. Die Förmchen mit Butter fetten. Mehl, Butter, Salz und ca. 1 EL kaltes Wasser schnell zu einem Mürbeteig verkneten. 10 Minuten kalt stellen.

2 Den Teig in 6 Teile schneiden und die Förmchen damit auskleiden, dabei einen Rand formen. Den Boden mit einer Gabel mehrmals einstechen.

3 Ei, saure Sahne, Roquefort, Rucola, Salz und Pfeffer gut verrühren und die Mischung in die Förmchen verteilen. Die Feigen waschen, trockentupfen, halbieren und jeweils eine Hälfte pro Förmchen auf die Füllung setzen. Im Ofen 25 Minuten goldbraun backen. Lauwarm servieren.

ZUCCHINI-MACADAMIA-MUFFINS

mit Joghurt

ZUTATEN: für 12 Mini-Muffins
1 Ei * 1 Prise Salz * 40 g Zucchini, geraspelt *
1 TL Olivenöl + Öl für die Form * 50 g Naturjoghurt * 1 Prise Meersalz *
schwarzer Pfeffer, frisch gemahlen * 100 g Mehl * 1 TL Backpulver *
30 g Macadamianüsse, gemahlen

1 Den Backofen auf 160 °C (Umluft) vorheizen. Ein Mini-Muffin-Blech fetten, alternativ Papierförmchen verwenden, dabei jeweils zwei Papierförmchen ineinander stellen.

2 Das Ei trennen, Eiweiß mit Salz steif schlagen. Zucchini mit Olivenöl, Joghurt, Eigelb, Meersalz und Pfeffer in einer Schüssel verrühren. Mehl und Backpulver in eine weitere Schüssel sieben und mit den gemahlenen Macadamianüssen vermischen. Unter die Zucchinimasse rühren und das steif geschlagene Eiweiß unter den Teig heben.

3 Den Teig in das Blech oder in die Papierförmchen einfüllen. Im Ofen ca. 10–15 Minuten backen (Stäbchenprobe).

TIPP

Sie können die Muffins nach Belieben vor dem Backen noch mit einer hauchdünnen Zucchinischeibe verzieren. Nach dem Backen mit ein wenig Frischkäse bestreichen.

GEBACKENER KÜRBIS

mit Sesam-Dip

ZUTATEN: für 6–8 Portionen

500 g Kürbis (z. B. Hokkaido) * 1 EL Sesamöl * Meersalz * 125 g Schmand * 3 EL Tahini- bzw. Sesampaste * 1 Prise Cayennepfeffer * ½ TL Honig * 1 TL Zitronensaft * 1 Knoblauchzehe * 1 Bund Rucola * 1 EL Schwarzkümmelsamen

1 Den Backofen auf 200 °C (Umluft) vorheizen. Den Kürbis schälen, entkernen und in mundgerechte Würfel schneiden. Mit dem Sesamöl vermischen und auf ein Backblech geben, mit Meersalz würzen. Den Kürbis im Backofen ca. 20 Minuten goldbraun backen.

2 Den Schmand mit der Sesampaste glatt rühren. Mit Meersalz, Cayennepfeffer, Honig und Zitronensaft abschmecken.

3 Den Knoblauch schälen und fein würfeln. Den Rucola waschen, trockenschleudern und fein hacken. Beides in den Dip geben und unterrühren.

4 Den Sesam-Dip zu den gebackenen Kürbiswürfeln reichen und beides mit Schwarzkümmelsamen bestreuen.

SPINAT-PIES

mit Feta

ZUTATEN: für 6 Förmchen à 8 cm Durchmesser
200 g frischer Spinat * 100 g Feta * 1 EL Bio-Zitronenabrieb *
2 Eier * schwarzer Pfeffer, frisch gemahlen * 2 große Strudelteigblätter (ca. 60 g) *
60 g Butter, geschmolzen * 2 EL Gomasio * Butter für die Förmchen

1 Den Backofen auf 200 °C (Umluft) vorheizen. Die Förmchen mit Butter fetten. Den Spinat waschen, verlesen und etwas hacken. Einen Topf erhitzen und den Spinat darin ein wenig zusammenfallen lassen. Den Feta zerbröseln.

2 Spinat, Zitronenabrieb, zerbröselten Feta, Eier und Pfeffer in einer Schüssel verrühren. Die Strudelteigblätter aufeinanderlegen, dabei beide Platten mit etwas flüssiger Butter bestreichen. Die Platten in 6 Teile schneiden und damit die Förmchen auslegen.

3 Die Spinatmischung auf die Teigstücke geben, mit etwas Gomasio bestreuen. Die Teigränder umklappen, sodass die Füllung teilweise bedeckt ist, und mit der restlichen Butter bestreichen. Die Pies im heißen Ofen 15–20 Minuten goldbraun backen.

TIPP

Statt Spinat können Sie auch Mangold verwenden. Dazu die Blätter wie oben beschrieben verarbeiten, die Stiele fein schneiden und in etwas Butter andünsten.

KARTOFFEL-OLIVEN-BRIKS

mit Zitrone und Petersilie

ZUTATEN: für ca. 20 Stück
400 g mehligkochende Kartoffeln, geschält und in Stücke geschnitten * 1 Knoblauchzehe * Meersalz * ½ Bund Petersilie * 50 g schwarze Oliven, entsteint und grob gehackt * 1 TL Bio-Zitronenabrieb * 1 Ei * schwarzer Pfeffer, frisch gemahlen * 30 g Butter, zerlassen * 1 EL Olivenöl * 1–2 Blätter Filoteig (ca. 200 g)

1 Den Backofen auf 200 °C (Umluft) vorheizen. Ein Backblech mit Backpapier auslegen. Die Kartoffeln etwa 15 Minuten in einem Topf in ausreichend Wasser köcheln lassen, bis sie gar sind. Abgießen und abkühlen lassen.

2 Den Knoblauch schälen und mit einer großen Prise Meersalz im Mörser zerreiben. Die Petersilie waschen, trockenschütteln, die Blättchen abzupfen und fein hacken. Die ausgekühlten Kartoffelstücke mit der Knoblauch-Salz-Masse sowie Oliven, Zitronenabrieb, Petersilie, Ei und Pfeffer nach Geschmack zerstampfen.

3 Zerlassene Butter und Olivenöl vermischen. Ein Blatt Filoteig auf die Arbeitsfläche legen und mit der Buttermischung bepinseln. Den Teig in ca. 10 x 10 cm große Quadrate schneiden. Auf jedes Teigquadrat einen gehäuften Esslöffel Kartoffelmasse geben und verstreichen. Die Quadrate zusammenrollen. Falls noch Kartoffelmasse übrig ist, mit einem zweiten Filoteigblatt genauso verfahren.

4 Die Briks auf das Backblech legen und mit der Butter-Öl-Mischung bepinseln. Für 8–10 Minuten backen, bis sie goldbraun und knusprig sind, dann sofort servieren.

TOFU-NUSS-PASTETCHEN

mit Bergkäse

ZUTATEN: für ca. 15 Portionen
250 g gemischte Nüsse und Samen (Walnüsse, Sesam, Mandeln, Cashewkerne, Sonnenblumenkerne etc.) * 250 g Tofu * 2 Schalotten * ½ Bund gemischte Kräuter nach Belieben * 200 g stückige Tomaten aus der Dose * 3 Eier * 150 g Bergkäse, gerieben * 2 TL Sojasauce * Meersalz * schwarzer Pfeffer, frisch gemahlen * ggf. Butter für die Förmchen

1 Die Nüsse in einer Pfanne ohne Fett bei mittlerer Hitze rösten, bis sie goldbraun sind und duften. Herausnehmen und abkühlen lassen, dann mit dem Tofu im Standmixer sehr fein hacken.

2 Den Backofen auf 180 °C vorheizen. Förmchen (à 6 cm Durchmesser) mit Butter einfetten oder mit Backpapier auslegen. Alternativ Papierförmchen verwenden, dabei für den besseren Stand jeweils zwei ineinander stellen.

3 Die Schalotten schälen und fein würfeln. Die Kräuter waschen, trockenschütteln und fein hacken. In einer großen Schüssel Tofu-Nuss-Masse, Schalotten, Tomaten, Eier, Bergkäse, Kräuter und Sojasauce vermischen. Mit Meersalz und Pfeffer abschmecken. Die Mischung in die vorbereiteten Formen füllen, und die Pastetchen ca. 20 Minuten backen, bis sie fest und goldbraun sind.

SÜSSE KÖSTLICHKEITEN

JOGHURT

mit süßem Pesto

ZUTATEN: für 4–6 Portionen
100 g Sahne * 250 g griechischer Joghurt * 1 Bund Minze *
2 EL Pinienkerne * 1 EL Agavensirup * 2 EL Olivenöl *
50 g weiße Kuvertüre

1 Die Sahne steif schlagen. Den Joghurt in einem Küchentuch 5 Minuten abtropfen lassen. In eine Schüssel geben und die steif geschlagene Sahne unterheben.

2 Für das Pesto die Minze klein schneiden. Die Pinienkerne ohne Fett in einer Pfanne unter häufigem Wenden rösten, abkühlen lassen. Minze und Pinienkerne mit dem Agavensirup pürieren, dabei das Öl in einem dünnen Strahl so lange zugießen, bis eine cremige Masse entstanden ist.

3 Die Kuvertüre mit einer Haushaltsreibe raspeln. Den Joghurt in kleine Schälchen verteilen und mit einigen Tropfen süßem Pesto verzieren. Weiße Schokoraspel darüberstreuen.

TIPP

Servieren Sie dazu reife Erdbeeren.

KLEINE MOHN-PFANNKÜCHLEIN

mit Trauben

ZUTATEN: für ca. 30 Stück

2 EL Dampfmohn, gemahlen (z. B. von Davert) • 150 g Buchweizenmehl • 1 Prise Salz • 3 Eier • 40 ml Agavendicksaft + Agavendicksaft zum Beträufeln • 200 ml Milch • 2 EL Sonnenblumenöl • 200 g kleine grüne und blaue Weintrauben • 2 EL Traubenkernöl

1 Mohn mit Buchweizenmehl und Salz vermischen. Die Eier trennen. Die Mehlmischung mit dem Agavendicksaft, den Eigelben und der Milch zu einem glatten Teig verrühren, 30 Minuten quellen lassen.

2 Das Eiweiß steif schlagen und unterheben. Die Trauben waschen, halbieren und gegebenenfalls entkernen.

3 Eine kleine, beschichtete Pfanne erhitzen. Mit Traubenkernöl einpinseln. Einige Trauben in die Pfanne geben. Etwas Teig darüber verteilen. Die Pfannkuchen nach 2–3 Minuten wenden und 2 Minuten weiter backen. Mit dem übrigen Teig genauso verfahren.

4 Die fertigen Pfannkuchen mit etwas Agavendicksaft beträufelt servieren.

FERNÖSTLICHE
LECKEREI

FALSCHE MACARONS

mit Erdbeer-Frischkäse

ZUTATEN: für ca. 40 Stück
4 Eier * 110 g feiner Zucker * ½ TL Vanillepulver * 150 g Mehl *
¾ TL Backpulver * 100 g Erdbeeren * 150 g Frischkäse *
Puderzucker zum Bestäuben

1 Den Backofen auf 180 °C vorheizen. Ein Backblech mit Backpapier auslegen. Die Eier, den Zucker und das Vanillepulver mit dem Handrührgerät 5–7 Minuten schaumig aufschlagen, bis die Eier weiß und cremig sind. Mehl und Backpulver vermischen und sieben. Behutsam unter die Eimasse heben.

2 Portionen von jeweils 1 TL Teig auf das vorbereitete Backblech setzen und im Backofen 5–7 Minuten goldbraun backen.

3 Die Erdbeeren waschen, zerdrücken und mit dem Frischkäse in einer Schüssel vermischen, am besten mit dem Pürierstab. Jeweils zwei Macarons mit dem Erdbeer-Frischkäse füllen. Mit Puderzucker bestäubt servieren.

TIPP

Verwenden Sie nach Belieben auch anderes Obst, wie zum Beispiel Himbeeren oder Heidelbeeren.

KARIBISCHER GENUSS
FÜR KOKOS-FANS!

SCHNELLES KOKOSBROT

mit Zitrone

ZUTATEN: für 2 eckige Papierbackformen (17 x 8 cm)
140 g weiche Butter * 1 EL Bio-Zitronenabrieb *
80 g feiner Zucker * 1 Ei * 160 g Mehl * 1 TL Backpulver *
100 g Kokosraspel * 150 ml Buttermilch

1 Den Backofen auf 160 °C (Umluft) vorheizen. Die Butter mit dem Zitronenabrieb und dem Zucker mit dem Handrührgerät cremig schlagen. Unter Rühren das Ei hinzufügen.

2 Das Mehl und das Backpulver vermischen und dazusieben. Die Kokosraspel unterheben und die Buttermilch unterrühren.

3 Den Teig in die Formen füllen und im Ofen 30 Minuten backen (Stäbchenprobe). 5 Minuten in der Form abkühlen lassen, dann auf ein Kuchengitter stürzen. Zum Servieren in Würfel aufschneiden.

TIPP

Wer möchte, kann dazu Mangokonfitüre servieren.

EINE FRUCHTIG-CREMIGE
FRÜHLINGSLECKEREI

MINI-PFANNKUCHEN

mit Erdbeeren und Safranbutter

ZUTATEN: für ca. 20 Stück
2 Eier * 250 ml Buttermilch * ½ TL Vanillepulver * 50 g Honig * 150 g Mehl * 1 TL Backpulver * Butter zum Ausbacken
Für die Safranbutter: 1 g Safran, gemahlen * 80 g weiche Butter * 100 g Zucker * 150 g Erdbeeren, klein gewürfelt * 2 cl Grand Marnier

1 Die Eier trennen und die Eiweiße steif schlagen. Die Buttermilch mit den Eigelben, dem Vanillepulver und dem Honig in einer Schüssel verrühren.

2 Das Mehl mit dem Backpulver in eine weitere Schüssel sieben und die Buttermilchmischung einrühren. Den Eischnee unterheben.

3 Butter in einer kleinen, beschichteten Pfanne erhitzen und jeweils 2 EL Teig von jeder Seite 1–2 Minuten goldbraun ausbacken.

4 Für die Safranbutter Safran in 1 EL heißem Wasser auflösen und mit der weichen Butter und dem Zucker 4–5 Minuten in einer Schüssel schaumig schlagen. Die Erdbeeren mit dem Grand Marnier unterheben.

5 Jeweils ein Löffelchen auf einem Pfannkuchen verstreichen, Pfannkuchen aufrollen und mit einem Zahnstocher feststecken.

TIPP

Bestäuben Sie die Pfannkuchen zum Servieren noch mit Puderzucker.

MINI-PANNA-COTTA

mit karamellisiertem Mokka-Apfel

ZUTATEN: für 6 Mokkatassen
40 ml Mokka (bzw. Espresso) * 25 g feiner Zucker * 1 Apfel * 1 ½ Blatt Gelatine * 300 ml Reismilch * 30 g brauner Zucker * ½ TL Vanillepulver

1 Mokka bzw. Espresso und Zucker in einem kleinen Topf unter Rühren erhitzen, bis sich der Zucker gelöst hat.

2 Den Apfel schälen, vom Kerngehäuse befreien und in kleine Stücke schneiden. Die Apfelstücke im Kaffeekaramell kurz garen. Dann in 6 Mokkatassen verteilen und abkühlen lassen.

3 Die Gelatine in kaltem Wasser einweichen. Reismilch, braunen Zucker und Vanillepulver in einem Topf aufkochen, vom Herd nehmen.

4 Die Gelatine ausdrücken und einrühren, abkühlen lassen. Die Milchmischung über die Apfelwürfel gießen und 4–6 Stunden kalt stellen.

TIPP

Statt Reismilch können Sie auch Mandelmilch oder Sahne verwenden.

ZITRONEN-BLAUBEER-CUPCAKES

mit Buttermilch

ZUTATEN: für 16 Stück
125 g weiche Butter + Butter zum Einfetten * 80 g feiner Zucker * Abrieb von ½ Bio-Zitrone * ½ TL Vanillepulver * 2 Eier * 180 g Mehl * 1 TL Backpulver * 125 ml Buttermilch * 125 g Blaubeeren * 50 g Puderzucker * Saft von ½ Zitrone

1 Den Backofen auf 160 °C (Umluft) vorheizen. Ein Cupcake-Blech oder 16 Tassen à 80 ml einfetten, alternativ Papierförmchen verwenden, dabei jeweils zwei Papierförmchen ineinander stellen.

2 Die Butter, den Zucker, den Zitronenabrieb und das Vanillepulver schaumig schlagen. Nach und nach unter Rühren die Eier hinzufügen. Mehl und Backpulver hineinsieben und sorgfältig untermischen. Die Buttermilch unterrühren.

3 Den Teig in das Blech bzw. in die kleinen Papierförmchen oder in die gefetteten Tassen einfüllen. Die Blaubeeren darauf verteilen, 12–15 Minuten backen (Stäbchenprobe).

4 Für den Guss Puderzucker und Zitronensaft verrühren und je einen Klecks davon auf die erkalteten Cupcakes geben.

MADELEINES

mit Pistazien

ZUTATEN: für ca. 16 Stück
90 g Butter + Butter für das Blech * 2 Eier * 80 g Puderzucker *
1 TL Bio-Zitronenabrieb * 80 g Pistazienkerne *
60 g Mehl + Mehl für das Blech * 1 TL Backpulver

1 Den Backofen auf 180 °C (Umluft) vorheizen. Ein Madeleine-Blech gut mit Butter fetten und mit Mehl ausstreuen, überschüssiges Mehl abklopfen. Die Butter in einem Topf zerlassen. Eier, Puderzucker und Zitronenabrieb in einer Rührschüssel 5 Minuten dickschaumig aufschlagen.

2 Die Pistazienkerne im Blitzhacker sehr fein zerkleinern, mit dem Mehl und dem Backpulver mischen und vorsichtig unter die Ei-Zucker-Masse heben. Die zerlassene Butter sorgfältig unterrühren. Den Teig 30 Minuten kalt stellen.

3 Den Teig in den Mulden des Blechs verteilen und im vorgeheizten Backofen auf mittlerer Schiene 12–15 Minuten hellbraun backen. Die Madeleines noch warm servieren.

TIPP

Hervorragend passt dazu Vanilleeis.

FRANZÖSISCHER NUSS-TRAUM

WEINGELEE

mit Beeren

ZUTATEN: für ca. 10 kleine Weingläser
4 Blatt Gelatine * 2 Kiwis * 150 g rote Johannisbeeren *
80 g Zucker * ½ TL Vanillepulver * 250 ml Weißwein *
1 Zweig Pfefferminze

1 Die Gelatine ca. 15 Minuten in kaltem Wasser einweichen, ausdrücken.

2 Die Kiwis schälen und fein würfeln. Die Johannisbeeren waschen und von den Rispen zupfen. Die Früchte mit dem Zucker und dem Vanillepulver vermischen und ca. 5 Minuten ziehen lassen.

3 Den ausgetretenen Fruchtsaft in ein kleines Töpfchen gießen und die Gelatine darin bei niedriger Temperatur auflösen. Den Wein zugießen und das Gelee etwas abkühlen lassen.

4 Die Früchte in Gläser verteilen und mit dem Gelee begießen. Das Weingelee im Kühlschrank 1 Stunde durchkühlen lassen. Mit Minzeblättchen garniert servieren.

TIPP

Dazu können Sie kalte, flüssige Sahne reichen.

KÄSEKÜCHLEIN

mit Brombeeren

ZUTATEN: für ca. 8–10 Tassen bzw. Förmchen
100 g weiche Butter + Butter für die Tassen/Förmchen *
100 g Zucker + Zucker für die Tassen/Förmchen * 1 Prise Salz *
2 Eier * Abrieb von 1 Bio-Zitrone * 50 g Grieß (Hartweizengrieß) *
1 TL Backpulver * 2 EL Vanille-Puddingpulver * 300 g Magerquark *
200 g Brombeeren

1 Tassen oder Förmchen buttern und mit Zucker bestreuen. Den Backofen auf 160 °C (Umluft) vorheizen. Die weiche Butter mit dem Zucker und dem Salz cremig schlagen.

2 Die Eier trennen, das Eiweiß in ein hohes Behältnis geben und steif schlagen.

3 Die Eigelbe nacheinander in die Buttermasse einrühren. Zitronenabrieb, Grieß, Back- und Puddingpulver zufügen und unterrühren, schließlich den Quark dazugeben und einrühren, bis eine homogene Masse entsteht. Zum Schluss den Eischnee unterheben.

4 Die Quarkmasse in die vorbereiteten Tassen bzw. Förmchen geben und die Brombeeren darauf verteilen. Im Ofen ca. 20 Minuten goldgelb backen.

HIMBEER-SEMIFREDDO

mit Vanille

ZUTATEN: für 10 Förmchen bzw. Gläser
250 g Himbeeren * 3 Eier * ½ TL Vanillepulver *
200 g feiner Zucker * 400 g Sahne

1 Die Himbeeren verlesen, einige zurückbehalten für die Deko. Die restlichen Himbeeren pürieren.

2 Die Eier, das Vanillepulver und den Zucker über einem heißen Wasserbad 4–5 Minuten cremig-dick aufschlagen. Vom Wasserbad nehmen und weiterschlagen, bis die Masse abgekühlt ist.

3 Die Sahne steif schlagen und unter die Eiermasse ziehen. 500 ml der Masse in gefriergeeignete Gläser bzw. Förmchen füllen. Die restliche Masse mit den pürierten Himbeeren mischen und streifenförmig darauf verziehen.

4 4–6 Stunden im Gefrierfach fest werden lassen. Zum Servieren mit den zurückbehaltenen Himbeeren garnieren.

TIPP

Rühren Sie nach Belieben 4 cl Sherry unter die Eiermasse.

TAPAS-MENÜS

VEGETARISCHER START IN DEN TAG

köstliche Tapas für den Schlemmer-Brunch

GEGRILLTE MELONENSPIESSE MIT FEURIGEM MINZE-DIP (S. 42)

KRESSE-TZATZIKI MIT CROÛTONS UND PAPRIKAWÜRFELCHEN (S. 19)

TORTILLA-RAUTEN MIT BUNTEN PAPRIKA (S. 56)

ZUCCHINI-MACADAMIA-MUFFINS MIT JOGHURT (S. 85)

KLEINE MOHN-PFANNKÜCHLEIN MIT TRAUBEN (S. 98)

JOGHURT MIT SÜSSEM PESTO (S. 96)

FÜR VERLIEBTE

zum Verführen himmlische Tapas-Genüsse

BRUSCHETTA MIT ARTISCHOCKEN-TOFU-AUFSTRICH (S. 12)

SELLERIEGRATIN MIT TOMATEN UND SAHNE (S. 73)

MAIS-CHIPS MIT KÜRBISKERNPASTE (S. 44)

WÜRZIGER SALAT AUS GEGRILLTER AUBERGINE (S. 52)

HIMBEER-SEMIFREDDO MIT VANILLE (S. 116)

FALSCHE MACARONS MIT ERDBEER-FRISCHKÄSE (S. 101)

LECKER UND EINFACH MITGENOMMEN

Tapas fürs Picknick im Grünen

DATTELN MIT PISTAZIEN-FRISCHKÄSE-FÜLLUNG (S. 22)

KICHERERBSENSALAT MIT COUSCOUS UND KRÄUTERN (S. 15)

SCHWARZE REISBÄLLCHEN MIT TAHINI-PASTE (S. 50)

SPINAT-PIES MIT FETA (S. 89)

MINI-QUICHE MIT ROQUEFORT UND FEIGE (S. 82)

MADELEINES MIT PISTAZIEN (S. 110)

KLEIN, ABER FEIN

ein Tapas-Abend mit Gästen

KLEINE SALATE MIT POCHIERTEM WACHTEL-EI UND KNUSPERZWIEBELN (S. 20)

GEBACKENER KÜRBIS MIT SESAM-DIP (S. 87)

GEFÜLLTE ZUCCHINIBLÜTEN MIT KRÄUTER-AMARANTH (S. 47)

SOMMER-RATATOUILLE IM GLAS (S. 61)

MINI-PANNA-COTTA MIT KARAMELLISIERTEM MOKKA-APFEL (S. 107)

KÄSEKÜCHLEIN MIT BROMBEEREN (S. 114)

ADRESSEN, DIE IHNEN WEITERHELFEN

Depot
Tel. 01 80/6 00 60 60
www.depot-online.com

Deko: Federn (Bohnenbällchen mit Paprika-Harissa-Sauce, Seite 66), Teelichter (Walnusssuppe mit Datteln und Bockshornklee, Seite 37; Erdnuss-Süppchen mit Süßkartoffel, Seite 33), Eierbecher (Chili con Tofu, Seite 35), Platte (Mini-Wraps mit Gemüsefüllung, Seite 26)

H. & F. Lauterjung GmbH & Co.
Gasstr. 35 b
42657 Solingen
Tel. 02 12/2 48 52-0
www.lauterjung.de

Förmchen (Spinat-Pies mit Feta, Seite 89; Mini-Quiche mit Roquefort und Feige, Seite 82)

Impressionen Versand
Tel. 01 80/5 23 23 41
www.impressionen.de

Papierförmchen (Zitronen-Blaubeer-Cupcakes mit Buttermilch, Seite 108)

Veronika Riedl, Keramikerin
Lederergasse 1
92447 Schwarzhofen
Tel. 01 78/1 67 97 90
www.galerie-vkus.de

Schälchen (Kichererbsensalat mit Couscous und Kräutern, Seite 15; Würziger Salat aus gegrillter Aubergine, Seite 52; Karottenbällchen mit Feta, Seite 54; Tofutaschen-Sushi mit Paprika und Gurke, Seite 69; Mini-Pfannkuchen mit Erdbeeren und Safranbutter, Seite 105)

Städter GmbH
Am Kreuzweg 1
35469 Allendorf/Lumda
www.staedter.de

Papierförmchen (Tofu-Nuss-Pastetchen mit Bergkäse, Seite 92)

schauhi … PapierSachen
Obere Bachgasse 19
93047 Regensburg
Tel. 09 41/58 61 23 50
www.schauhi.de

Schächtelchen (Falsche Macarons mit Erdbeer-Frischkäse, Seite 101)

REZEPTVERZEICHNIS

Über die Autorin und Fotografin

Kochen ist die große Leidenschaft von **Tanja Bischof.** Entfacht wurde sie im zarten Alter von sechs Jahren auf einer Nizza-Reise mit den Eltern, als sie ihre ersten Austern schlürfen und Rehpastete probieren durfte. Tanja Bischof lernte das Kochen von der Pike auf in Gourmet- und Sterneküchen, u.a. bei Martin Scharff und Eckart Witzigmann. Seit 1994 arbeitet sie als Fotografin, Foodstylistin und Stylistin für Buchverlage, Foodmagazine und Werbung. Sie liebt es, immer Neues auszuprobieren und neue Rezepte zu kreieren. Für dieses Buch hat Tanja Bischof mit ihrer ganzen Kreativität und Energie wunderbare Rezepte entwickelt und die Tapas selbst gestylt, dekoriert und fotografisch ins rechte Licht gerückt.

www.tanja-bischof.de

Dankeschön an Veronika Riedl (www.galerie-vkus.de) für die Geschirr-Leihgaben.

Impressum

Bibliografische Information der Deutschen Nationalbibliothek
Die Deutsche Nationalbibliothek verzeichnet diese Publikation in der Deutschen Nationalbibliografie; detaillierte bibliografische Daten sind im Internet über http://dnb.d-nb.de abrufbar.

BLV Buchverlag
GmbH & Co. KG
80797 München

www.facebook.com/blvVerlag

Bildnachweis
Alle Bilder von Tanja Bischof, MAJOR FOOD & PHOTO.
Gestreifter Fotountergrund: Fotolia/flas100;
Farbklecks: pun photo – Fotolia.com.

Grafiken: Thomas Neumann

Umschlagfotos:
Tanja Bischof, MAJOR FOOD & PHOTO

Lektorat: Stella Rahn
Herstellung: Angelika Tröger
Layoutkonzept Innenteil und DTP: griesbeckdesign, Dorothee Griesbeck, München

Gedruckt auf chlorfrei gebleichtem Papier

Printed in Germany
ISBN 978-3-8354-1342-9

Hinweis
Das vorliegende Buch wurde sorgfältig erarbeitet. Dennoch erfolgen alle Angaben ohne Gewähr. Weder Autorin noch Verlag können für eventuelle Nachteile oder Schäden, die aus den im Buch vorgestellten Informationen resultieren, eine Haftung übernehmen.